ÉLOGE

DU

GÉNÉRAL DROUOT

DISCOURS LU LE 17 FÉVRIER 1848

DANS LA SÉANCE ORDINAIRE

DE LA SOCIÉTÉ ROYALE DES SCIENCES, LETTRES ET ARTS

DE NANCY

PAR M. J. LEVALLOIS

Ingénieur en chef des Mines

PRÉSIDENT ANNUEL DE LA SOCIÉTÉ

———◦◦◦———

PARIS

IMPRIMERIE D'E. DUVERGER

RUE DE VERNEUIL, Nº 6

A. Binia.

Son ami

92

ÉLOGE

DU

GÉNÉRAL DROUOT

Discours lu le 17 février 1848,

DANS LA SÉANCE ORDINAIRE

DE LA SOCIÉTÉ ROYALE DES SCIENCES, LETTRES ET ARTS
DE NANCY,

PAR M. J. LEVALLOIS,

Ingénieur en chef des Mines,

PRÉSIDENT ANNUEL DE LA SOCIÉTÉ.

MESSIEURS,

Il y aura tout à l'heure un an [1] qu'un grand deuil s'étendait sur le pays. Dès l'instant où cette sinistre nouvelle circula par la ville : « Le général Drouot est mort, » tous les visages s'assombrirent; on ne s'abordait plus que le cœur serré, comme si chacun eût éprouvé un malheur personnel. C'est qu'en effet le général Drouot appartenait à tous ; c'est qu'une vie véritablement populaire venait de s'éteindre ; c'est que la France venait de perdre un des derniers de ses plus héroïques défenseurs, la ville de Nancy le plus glorieux et le meilleur de ses citoyens.

Mais cette perte, Messieurs, elle fut doublement sentie par l'Académie de Stanislas ; car, au malheur

---

(1) Le général Drouot est mort à Nancy le 24 mars 1847.

général, il venait se joindre pour elle un malheur de famille : la mort lui enlevait un confrère aimé, honoré,
et qui rayonnait sur elle de tout l'éclat qu'il voulait
tant écarter de lui-même. J'ai dit malheur de famille,
Messieurs ; et cette expression n'est-elle pas bien jus-
tifiée par la délicate marque de sympathie que nous
donnait l'illustre mourant, dans ces heures réservées
qui semblaient devoir appartenir exclusivement aux
êtres bien chers qui l'entouraient de soins si pieux et
qui allaient lui clore les paupières ? « Je vous prie, mon
« frère, de faire, en mon nom, une démarche près
« des présidents de l'Académie de Stanislas et de la
« Société d'agriculture, pour exprimer à ces deux
« compagnies ma vive reconnaissance de ce qu'elles
« ont tenu à me conserver parmi leurs membres titu-
« laires, quoique empêché depuis longtemps par la
« maladie de m'acquitter des devoirs attachés à ces
« titres. » Aussi ne me semble-t-il pas, Messieurs,
qu'en venant vous entretenir ici quelques instants de
notre glorieux confrère, je fasse en rien violence à
sa modestie, à cette modestie si prévoyante qu'elle
nous a fermé les lèvres devant sa tombe ; car je parle
ici en famille, et nous n'avons fait qu'en élargir le
cercle en conviant autour de nous aujourd'hui, et
les hommes qui appliquent leur intelligence à l'ad-
ministration des affaires du pays, et tous ceux à qui
sont chers les sciences, les lettres et les arts [1].

Je ne veux point entreprendre, Messieurs, de vous

(1) Ce discours devait être prononcé dans la séance publique
de 1848 ; mais cette solennité n'a pu avoir lieu par suite des évé-
nements politiques.

raconter la vie du général Drouot. Il faut, pour suffire à cette tâche, des voix plus puissantes que la
mienne. Ce n'est que du haut de la chaire que l'on
peut dignement parler d'une vie qui fut si chrétien-
nement remplie ; ce n'est que du haut de la tribune
nationale que la patrie peut dignement payer son
tribut de reconnaissance à la mémoire de celui qui
brûla toujours d'un si saint amour pour elle. Mais
vous le dirai-je, Messieurs, quelque utile, quelque
nécessaire qu'il soit de mettre en grande lumière
tous les nobles exemples dont cette vie est en quelque
sorte tissue, je crains bien que ces éloges n'aient à
souffrir en les comparant à ces quelques lignes que
le général Drouot nous a laissées sur lui-même, à
cette simple notice[1] si pleine de grandeur dans sa
sobriété, si pleine de beaux enseignements dans ses
réticences, à cette lettre si touchante adressée à son
frère tendrement aimé, vrai testament d'un sage
et d'un soldat chrétien, que l'on peut bien dévelop-
per, mais qu'on ne saurait embellir.

A moi, Messieurs, parlant au nom de l'Académie,
il m'appartient seulement de voir dans le général
Drouot l'homme d'étude et de science. Et je ne sais
si je m'abuse, mais il me semble qu'il fallait ce dernier trait-là pour compléter la ressemblance de cette
noble figure avec les plus beaux types de l'antiquité :
ce dernier trait qui nous montre l'homme de guerre,
le compagnon d'armes de l'empereur Napoléon, sus-
pendant son épée dont les malheurs du temps ne lui

---

(1) *Notice biographique sur le général Drouot* (Antoine), écrite
par lui-même.

laissaient plus l'utile emploi, pour aller se réfugier dans l'étude et demander à la science, qui déjà lui avait ouvert la carrière des armes, des consolations aux grandes douleurs dont les revers de la patrie remplissaient son âme.

Demandera-t-on quels furent les titres scientifiques ou littéraires du général Drouot? — Ces titres, Messieurs, ils furent signés de la même main qui signa le Code civil ; ils furent proclamés par la voix de Napoléon, le jour où, prêt à partir pour son premier exil, il fit choix de son modeste aide de camp pour écrire avec lui les grandes choses que ses armées avaient faites. Puissant témoignage ! car cette main, car cette voix appartenaient à celui que, dès 1797, à peine âgé de vingt-huit ans, lorsqu'il n'était encore que le général victorieux de l'armée d'Italie, lorsqu'il n'était point encore César, à celui que l'Institut national appelait à s'asseoir dans son sein, encyclopédie vivante qui réunissait alors les Lagrange aux Ducis, les Laplace aux Bernardin de Saint-Pierre, les Monge aux Chénier, les Daunou aux Berthollet ; à celui dont le profond coup d'œil s'appliquait si bien à toutes choses, que dès que la magnifique découverte de Volta vint à être publiée, il en pénétra toute l'importance pour la philosophie naturelle. « Je dé- « sire (écrivait le Premier Consul à l'Institut), je dé- « sire donner en encouragement une somme de « 60,000 francs à celui qui, par ses expériences et « ses découvertes, fera faire à l'électricité et au gal- « vanisme un pas comparable à celui qu'ont fait faire « à ces sciences Franklin et Volta…. Les étrangers « de toutes les nations seront également admis au

« concours.... mon but spécial étant d'encourager et
« de fixer l'attention des physiciens sur cette partie
« de la physique qui est, à mon sens, le chemin des
« grandes découvertes. » Et lorsque, quelques jours
plus tard, on répétait devant lui les expériences de
décomposition par la pile voltaïque, frappé d'admiration en voyant les éléments des sels se transporter
à leurs pôles respectifs, sous l'action du merveilleux
instrument : « Docteur» (s'écria-t-il en se retournant
du côté de Corvisart, son médecin) « docteur, voilà
« l'image de la vie : la colonne vertébrale, c'est la
« pile, les reins forment le pôle positif, le foie est le
« pôle négatif. » Sans doute, suivant la remarque
d'un savant physicien [1], cette comparaison n'est pas
exacte ; mais on ne peut cependant s'empêcher de
soupçonner qu'il se passe quelque effet semblable
dans notre organisme.

Je voulais, Messieurs, vous entretenir seulement
du général Drouot, et voilà que, malgré moi pour
ainsi dire, j'ai été conduit à vous parler de Napoléon.
C'est que ces deux noms sont désormais insépa-
rables ; c'est que le nom d'un homme qui se fit un
culte de la fidélité évoque toujours un autre nom. Et
d'ailleurs n'est-ce pas deux fois être agréable aux
mânes de notre illustre compatriote, que de cesser
un instant de s'occuper de lui, pour jeter une échap-
pée de lumière sur un côté trop négligé de la figure
de celui qui fut son héros, son ami ?

Le général Drouot vous appartenait donc, Mes-

___

(1) Becquerel, *Traité expérimental de l'électricité et du magné-
tisme*, tome Ier, page 108.

sieurs ; aussi à peine était-il rentré dans sa ville na-
tale, que vos suffrages allaient le chercher dans la
retraite qu'il s'était choisie sous le toit de sa famille,
se refaisant ainsi, autant que possible, la vie de ses
premières années, cette vie qu'il n'avait cessé d'am-
bitionner, même au plus brillant de sa carrière. Nos
archives sont là pour faire foi du scrupule qu'il ap-
portait à accomplir sa part dans l'œuvre de l'Académie. La Société d'agriculture ne le trouvait pas
moins zélé ; et, dans l'une comme dans l'autre de ces
compagnies, on aimait à le charger de l'examen des
questions de mécanique appliquée. La mécanique
est, parmi les diverses branches de nos connaissances,
une de celles qui établissent le lien entre les arts et
les sciences proprement dites ; et, parmi ceux-là, l'art
de l'ingénieur civil ou militaire, tout comme celui de
l'officier d'artillerie, lui font de continuels emprunts.
Notre confrère était donc tout à fait compétent dans
ces matières ; et d'ailleurs, quant aux théories mathé-
matiques qui sont la base de la mécanique, le lieute-
nant général n'avait rien oublié de la science précoce
qu'avait montrée, à trente années de là, le petit artisan
de Nancy, et qui avait tant frappé le célèbre Laplace,
qu'il disait longtemps après à l'Empereur : « Un des
« plus beaux examens que j'aie vu passer dans ma
« vie, c'est celui de votre aide de camp, le général
« Drouot. » Des questions d'économie publique l'oc-
cupèrent aussi à diverses fois, et, dans la manière
dont il les traite, on trouve réunies tout à la fois, en
cette juste mesure qu'il est si difficile de rencontrer,
et la prudence qui se défie des innovations, et la sollicitude la plus vive pour l'amélioration du sort des

masses, sollicitude qu'il a d'ailleurs si souvent tra-
duite en actes au milieu de nous.

Mais, parmi les trop rares souvenirs que nous a
laissés la plume du général Drouot, il en est un sur
lequel je ne puis m'empêcher d'arrêter particulièrement votre attention : je veux parler du rapport qu'il
fit à l'Académie, le 7 janvier 1830, sur l'*Histoire des
légions polonaises en Italie*, par M. Léonard Chodzko.
Dans ce rapport, le Général prend à son tour le rôle
de narrateur. Après nous avoir fait assister à l'hor-
rible assaut de Praga (4 novembre 1794), dernier
effort du peuple polonais pour se délivrer de ses op-
presseurs, il nous montre le général Dembrowski
formant le hardi projet de réunir les 20,000 hommes
de troupes qui lui restaient encore, pour se forcer un
passage à travers la Prusse et venir rejoindre les armées françaises sur le Rhin ; mais ce projet fut jugé
impraticable par les autres chefs, et l'on adopta la
résolution funeste, dit notre rapporteur, de se sou-
mettre. Cependant tous les Polonais ne voulurent
pas accepter la servitude, et ceux qui lui préférèrent
la liberté allèrent chercher un asile chez les puis-
sances qui n'avaient point pris part au démembre-
ment de leur patrie, et particulièrement en France.
Le général Dembrowski, arrivé à Paris le 30 sep-
tembre 1796, conçut la pensée d'organiser les Polonais fugitifs en légions militaires et de les mettre au
service de la France, occupée alors, pour se défendre,
à conquérir l'Italie sous le général Bonaparte. C'est
là l'origine de ces immortelles légions polonaises que
l'on suit déployant tant d'intrépidité sur tous nos
champs de bataille d'Italie jusqu'à la paix de Luné-

ville, et qui allèrent ensuite partager la mort avec
nos soldats sous le climat dévorant de Saint-Domin-
gue. Et cependant de ces débris ressuscitèrent encore,
à la voix de Napoléon, de nouvelles phalanges qui,
toujours dévouées, toujours fidèles, ne cessèrent de
donner leur sang pour la France que quand la
France elle-même eut posé les armes. Le général
Drouot combattait à côté des légions polonaises pendant les campagnes de l'an VI et de l'an VII, et il fut
témoin de leur héroïsme ; plus tard il put sonder
par lui-même les plaies de la malheureuse Pologne.
Que de motifs pour exciter sa sympathie ! Aussi res-
pire-t-elle bien tout entière dans son récit. Et qui
ne sent tout l'intérêt que prend un hommage rendu
par le général Drouot à la fidélité et au courage ! Par
le style à la fois sobre et clair qui règne dans les
quelques pages de ce simple rapport, on peut juger
que la plume qui les a tracées était bien celle d'un
historien. Combien ne doit-on pas regretter que cette
plume si honnête n'ait pas consacré de son autorité
morale cette belle partie de nos annales contempo-
raines dont il a été lui-même une si grande part !
Ici, si je l'osais dire, sa modestie l'a égaré.

Cependant son zèle commençait à être trahi par
ses infirmités, et bientôt il ne lui fut plus possible
d'assister à nos séances ; mais de précieux billets,
conservés par plus d'un de nos confrères, et où se
peignent toute l'aménité de son caractère et toute la
simplicité de ses mœurs, témoignent que son esprit
était toujours avec nous, et qu'il ne cessait de s'inté-
resser à nos travaux.

Faut-il s'étonner que celui qui avait été mêlé durant vingt ans à tout l'éclat de notre grande épopée, qui avait assisté aux conseils du Roi des rois, où se faisaient et se défaisaient les empires, faut-il s'étonner que celui-là, rentré dans la vie privée, ait si bien su prendre le niveau des choses d'une moindre importance ? — Non, Messieurs, il y avait là un *devoir* à remplir, et ce mot rend raison de tout ; car devoir, abnégation, voilà les deux mobiles qui ont dirigé d'un bout à l'autre l'admirable vie du général Drouot.

Il était amant enthousiaste de la gloire de la France ; mais la gloire ne le tentait pas pour lui-même, c'était trop pour son humilité toute chrétienne ; et si remplie qu'en soit sa carrière, c'est toujours en ne la cherchant pas qu'il la rencontra. Le sentiment du devoir suffisait à tout chez lui. C'est ce sentiment qui engendrait en lui cette intrépidité froide et stoïque dont il a donné tant de preuves à la guerre, et qui en a fait un des grands manœuvriers de l'artillerie ; et nous le retrouvons toujours obéissant à ce sentiment avec une rigidité pour ainsi dire mathématique, soit qu'il suive Napoléon dans son exil à l'île d'Elbe, soit qu'il aille, en 1815, au plus fort de la réaction, se mettre spontanément sous les verrous et s'offrir à ses juges ; soit qu'en 1830, au premier appel de la patrie, il dompte ses souffrances physiques pour venir prêter l'appui de son nom sans tache au gouvernement qui venait de relever les couleurs de la nation ; soit que, cette mission remplie, il s'empresse de rentrer dans sa retraite, refusant les dignités et les emplois que le Roi lui offrait et auxquels, disait-il, le mauvais état de sa santé ne lui aurait pas permis de suffire. Tant d'abnégation et de

modestie sont-elles bien de notre temps! et en son-
geant avec quelle austérité de Spartiate il réduit ses
besoins, avec quelle résignation il accepte la douleur,
ne semble-t-il pas plutôt voir dans le général Drouot un
personnage antique, un philosophe de l'école de Zénon!

Aussi l'Empereur avait-il donné à son fidèle aide
de camp le surnom de *sage*. Sans doute il est beau
d'avoir mérité d'être ainsi qualifié par un héros;
mais ne puis-je pas dire, sans amoindrir cette grande
gloire, qu'il est plus beau encore pour le héros d'a-
voir mérité le culte du sage? Car, il faut bien le reconnaître, ce qui est grand n'est pas toujours bon;
le génie ne porte pas toujours les attributs de la jus-
tice; l'héroïsme enfin n'est pas toujours de la sagesse.
Mais quand les noms de Napoléon et de Drouot, du
héros et du sage, parviendront aux siècles futurs unis
par ce lien d'estime et d'admiration qui les a con-
fondus à jamais, il y aura là, si je ne m'abuse, un
haut témoignage bien propre à éclairer les jugements
de l'histoire.

En faisant choix de vous, Monsieur [1], pour remplir la place vacante dans son sein, l'Académie de
Stanislas savait que vous lui apporteriez tout le zèle,
tout le dévouement qu'elle trouvait dans l'illustre
confrère qu'elle a perdu, et qu'il vous appartenait de
faire revivre un instant aujourd'hui parmi nous, si,
par une excessive réserve, vous ne m'aviez laissé à

---

(1) M. Caresme, recteur de l'Académie, élu membre de la Société des sciences, lettres et arts de Nancy, en remplacement du
général Drouot.

remplir ce devoir bien plus difficile pour ma voix peu exercée que pour la vôtre. L'Académie le savait par les preuves que vous avez déjà faites dans une autre société savante. Elle trouvait dans vingt-cinq années consacrées à la carrière de l'instruction publique, commencées dans notre haute école de l'enseignement et poursuivies à travers les fatigues d'un professorat distingué, qui a trouvé sa récompense dans les fonctions élevées que vous occupez au milieu de nous, dans la direction supérieure qui vous a été donnée de l'instruction publique, dans notre contrée, à tous ses degrés et dans toutes ses branches ; elle trouvait là, dis-je, la garantie de l'utile concours que vous lui prêteriez. Propager par l'enseignement oral les diverses parties de la connaissance humaine, imprimer à cet enseignement la direction hors de laquelle l'arbre de la science ne porterait que de mauvais fruits, ou bien cultiver cet arbre dans le silence du cabinet, ce ne sont toujours que deux faces d'une même chose, que deux opérations du même travail, que deux voies qui conduisent au même but : doter la société des connaissances qui peuvent augmenter son bien-être non-seulement dans l'ordre physique, mais encore et avant tout dans l'ordre moral, en développant les principes qui sont la base de toute civilisation. Ce n'est pas à un esprit comme le vôtre, Monsieur, que cette double mission de l'homme d'étude pouvait échapper. Ce n'est pas vous qui pouviez ne voir dans les lettres qu'un élégant mais vain exercice de l'esprit, dans les sciences que l'instrument du perfectionnement de notre vie matérielle ; mais particulièrement placé pour apprécier leur influence morale,

il vous appartenait particulièrement aussi de faire
voir que les progrès dont notre esprit s'enorgueillit
n'ont rien coûté à notre cœur ; et c'est avec un vrai
bonheur que l'Académie a entendu tout à l'heure le
tableau que vous lui avez fait des conquêtes morales
dues à la science moderne et de celles que nous de-
vons encore en attendre. Les choses sont-elles aussi
belles que vous nous les avez dépeintes ? Quelques
esprits chagrins peuvent en douter. Mais toujours
est-il qu'il y a honneur à les voir ainsi, et qu'on est
heureux de trouver de pareilles convictions dans
l'homme qui tient de l'État la mission de présider au
développement intellectuel et moral de nos jeunes
générations.

Pendant que nous faisions à l'Université, Messieurs,
un de ces emprunts qui nous ont si souvent enrichis,
un membre de ce même corps, M. l'abbé Gironde [1],
notre doyen d'âge, nous était enlevé. Ce regrettable
confrère était aussi, lui, un philosophe pratique ;
non pourtant, osé-je croire, de l'école de Zénon,
comme le général Drouot. Il était, je suppose, plus
Athénien que Spartiate ; et il y paraît bien au sel
dont il assaisonnait ses couplets et sa conversation
si remplie d'attrait pour ceux qui cultivaient son in-
timité. Les vers qui coulaient de sa veine facile, trop
facile, il faut peut-être bien le dire, n'avaient d'abord
été pour lui qu'une distraction au milieu des graves
devoirs de l'enseignement qui avaient rempli quarante

(1) M. l'abbé Gironde, inspecteur honoraire de l'Académie de
Nancy et président de la Société d'agriculture de cette ville.

ans de sa vie ; mais, du jour de sa retraite, le badinage
philosophique devint son charme de tous les instants
et celui de ses amis, et c'est en chantant pour ainsi
dire qu'il est mort. Cependant il n'avait pas cessé de
s'occuper de travaux sérieux, et nous l'avons vu présider, jusque dans ces dernières années, la Société
d'agriculture de cette ville. Mais on doit bien se douter qu'il avait une façon à lui d'entendre les devoirs de cette charge. Ainsi, lorsqu'on le voyait mon-
ter au fauteuil, tenant à la main ce rouleau (le discours obligé de toute séance publique) dont la vue
seule glace nos auditeurs, pouvait-on être sûr qu'un
papier plus finement plié avait reçu des vers en
l'honneur de Cérès, peut-être bien aussi de Bacchus
et des autres dieux qui président aux fruits de la
terre, vers destinés à exciter, dans le banquet qui
couronne d'habitude ces solennités, la ferveur des
hommes utiles qui se sont voués au culte de ces
dieux. Et de cette façon, comme vous le voyez, il
faisait tourner au profit de l'agriculture les deux
innocentes faiblesses de sa vie, les dîners et les chan-
sons.

Du reste, Messieurs, cet heureux tour d'esprit se
perd tous les jours, et il n'est presque plus de notre
temps. Il n'y a donc pas à s'étonner si nous avons été
chercher au milieu d'occupations plus graves le suc-
cesseur de l'abbé Gironde.

En vous entendant, Monsieur [1], parler avec tant

(1) M. Lepage, archiviste du département, auteur des *Fleurs
lorraines*, de la *Statistique du département de la Meurthe*, de la

d'amour de ces dépôts sacrés que les anciens, comme vous nous le rappelez, nommaient les *Magasins de la pensée,* avec tant d'admiration (on dirait presque d'envie) des hommes pieux qui consacraient leur vie à veiller autour de ces dépôts, on comprend que la garde de nos richesses historiques ne pouvait être confiée à des mains plus sûres, plus dévouées que les vôtres. Mais s'il est vrai qu'un trésor enfoui, qu'un champ laissé en friche, sont pour la société comme s'ils n'existaient pas, on doit reconnaître que ce trésor des *Chartes de Lorraine,* auquel vous avez désormais consacré votre existence, vous doit beaucoup de sa valeur. Il y avait là, en effet, un véritable travail de pionnier à faire, et vous l'avez entrepris avec courage. Déjà nous avons vu sortir, comme par enchantement, de la poussière de nos archives, ces *Fleurs lorraines* dont les couleurs ont été trouvées si vives, le parfum si frais, comme nous voyons certaines fleurs de la nature venir nous surprendre en montrant leur corolle à travers le manteau de neige qui engourdit tout le reste de la végétation. Mais vous avez craint de vous laisser amollir vous-même en composant ces attachantes chroniques, vous avez craint de ne savoir pas mieux que Raoul vous arracher aux bras de la *Châtelaine* que vous avez si bien évoquée, et vous avez brusquement interrompu ces naïfs récits pour ne plus voir que le côté sévère et utile de l'histoire. Nous savons que vos laborieuses

---

Statistique du département des Vosges, etc., élu membre de la Société des sciences, lettres et arts de Nancy, en remplacement de M. l'abbé Gironde.

recherches vous ont conduit, dans ce nouveau champ,
à des découvertes d'un grand intérêt, dont nous at-
tendons impatiemment la publication. Déjà vous nous
en avez dévoilé un coin dans les curieux détails que nous
venons d'entendre ; déjà des faits importants relatifs à
l'origine et aux droits des différentes communes de la
Lorraine ont été consignés par vous dans les deux ouvrages que vous avez successivement fait paraître
sur la statistique du département de la Meurthe et
sur celle du département des Vosges, ouvrages consi-
dérables que vous avez su mener à bonne fin. Cependant vous n'avez pas voulu consacrer seulement votre
plume aux gloires de l'ancienne Lorraine, et c'est encore vous, Monsieur, qui avez payé le premier, au nom
de vos compatriotes, le tribut de regrets, d'admiration et de reconnaissance à l'illustre général que
nous pleurons [1]. L'Académie vous en remercie.

Vous le voyez, Messieurs, ce glorieux nom de
Drouot vient, comme à mon insu, se replacer dans ma
bouche. C'est que ce nom, vous devez bien le compren-
dre, oppresse aujourd'hui tout particulièrement ma
pensée. Ce lieu même, en effet, où nous sommes ras-
semblés, n'est-il pas tout plein de lui ? N'est-ce pas
ici que, dans des jours difficiles, le général Drouot ap-
portait aux administrateurs de notre ville l'appui de
son patriotisme et de sa sagesse [2] ? N'est-ce pas d'ici

(1) *Le général Drouot*, par Henri Lepage.
(2) L'Hôtel-de-Ville. — Le général Drouot faisait partie de la
commission permanente qui fut choisie, le 31 juillet 1830, dans
le sein du Conseil municipal, pour veiller au maintien de l'ordre.

qu'est parti ce vœu pieux qui a eu tant d'échos en France et à l'étranger? Tout le monde, depuis le Prince jusqu'au soldat et à l'artisan, et jusqu'aux hommes mêmes qui ont combattu sous une autre bannière que celle du Général, tout le monde veut concourir à l'accomplissement de ce vœu. Il va donc s'élever ce monument destiné à nous rappeler les traits de notre illustre concitoyen ; le nom de l'artiste [1] nous assure qu'il sera digne de son modèle, digne de la cité qui a mérité qu'on l'ait appelée un des joyaux de notre belle patrie, et qui va en recevoir un nouveau lustre, un nouvel attrait. Et désormais le voyageur pèlerin ne visitera plus la France sans venir ici déposer une fleur aux pieds de la statue de celui qui fut, de nos jours, comme la personnification de l'honneur et de la vertu.

(1) M. David (d'Angers).

Imprimerie d'E. Duverger, rue de Verneuil, n. 6.

www.ingramcontent.com/pod-product-compliance
Lightning Source LLC
Chambersburg PA
CBHW061805040426
42447CB00011B/2490

9 7 8 2 0 1 4 5 2 4 2 3 9